Glücksrezepte für jeden Tag

GROH

Das Glück – zum Greifen nah …

Dem Glück einen kleinen Schubs geben? Das geht leichter als gedacht! Denn oft sind es gar nicht die großen Erfolgserlebnisse, die uns so richtig glücklich machen. Ganz im Gegenteil: Die kleinen Glücksmomente im Alltag schenken uns viel mehr Kraft und Freude als wir manchmal ahnen.

Und Glücksrezepte gibt es so viele – denn jeder buchstabiert Glück anders … Doch eines steht fest: Glücksgefühle kann man nie genug haben!

Also: Nimm dein Glück in die Hand! Entdecke, was dich glücklich macht …

Das Glück liegt auf der Straße, und der hat's,
der's zu finden und aufzuheben versteht.
Theodor Fontane

Zeit für dich

Eine asiatische Weisheit besagt: „Gehe langsam, wenn du es eilig hast."
Gönne dir deshalb eine kleine Atempause – genau hier und jetzt.
Und tief in dir drin wirst du das schöne Gefühl spüren,
mitten im Alltag einfach mal „auszusteigen"!

Zutaten:

Ein ruhiger Ort, ein „Platz des Herzens", an dem du dich wohlfühlst – zuhause, in der Natur oder wo auch immer du ihn findest.

Anleitung:

Bequem sitzen, ruhig atmen, die Gedanken zur Ruhe kommen lassen. Genau diese kleinen Inseln des Glücks sind es, aus denen wir gestärkt hervorgehen. Und danach geht alles wieder leichter von der Hand!

Nimm dir Zeit, in dir selbst zu ruhen.
Höre auf die Weisheit deines Herzens.
Carol Ann Hierl

Was auch immer kommen mag: Alles wird gut!
Dass auch mal was schief läuft, gehört dazu.
Deshalb hilft manchmal nur eins: gelassen bleiben.
Und darauf vertrauen, dass sich alles fügen wird.
Denn wer fest daran glaubt, wird feststellen:
Meist kommt das Glück gerade dann,
wenn man es am wenigsten erwartet …

Das Glück ist wie ein Schmetterling:
Läufst du hinter ihm her, wirst du es nie einfangen.
Setzt du dich ruhig hin, kann es kommen
und sich auf dir niederlassen.

Nathaniel Hawthorne

Erdbeertraum

Glück kann man essen – und es schmeckt einfach himmlisch!

Zutaten:

500 g Erdbeeren
300 g Joghurt
40 g Zucker
ein paar Spritzer Zitronensaft
Vanilleeis

Anleitung:

Erdbeeren, Joghurt, Zucker und Zitronensaft gut durchmixen. Alles in Gläser füllen und zum Schluss 1 bis 2 Kugeln cremiges Vanilleeis hinzufügen. Diese kleine Sünde versüßt dir den Tag bestimmt.

Glück haben ist – Glück.
Aber glücklich sein ist eine Kunst.
Wilhelm Busch

Das Glück ist – grün! Besonders dann, wenn unliebsame Gedanken nicht aus dem Kopf wollen, gibt es nur eins: raus in die Natur, frische Luft tanken und den Kopf frei bekommen.

- Schnapp dir dein Fahrrad und fahr einfach drauf los – lass deinen Blick über Wiesen und Wälder schweifen!

- Spüre, wie dir der Fahrtwind um die Nase weht und deine Gedanken ganz leicht werden.

- Und auf einmal wirst du merken: Eine angenehme innere Ruhe stellt sich ein, die dich wie eine sanfte Welle wieder ganz entspannt durch den Alltag tragen wird …

Bei Lichte besehen sind
Ruhe und Glück überhaupt dasselbe.
Theodor Fontane

Mit allen Sinnen

So manches wird im Alltag zur Gewohnheit.
Wir bemerken gar nicht mehr richtig, was es zu sehen, zu hören, zu riechen, zu schmecken und zu fühlen gibt. Dabei entgehen uns all die vielen Kleinigkeiten, die uns jeden Tag wunderbare Glücksmomente schenken können.

Zutaten:

Wache Sinne, mit denen du deine Umgebung wahrnimmst.

Anleitung:

Wo auch immer du gehst oder stehst: Sieh dich um! Lausche! Atme tief ein! Auch wenn du glaubst, diesen Ort, an dem du gerade bist, schon in- und auswendig zu kennen – du wirst wieder etwas Neues entdecken. Mit allen Sinnen genießen macht glücklich!

Man sieht oft etwas hundertmal, tausendmal,
bevor man es zum ersten Mal wirklich sieht.
Christian Morgenstern

Buttermilch-kuchen

Freude schenken macht glücklich! Probier's aus –
und überrasche liebe Freunde mit diesem leckeren Kuchen:

Zutaten:

Für den Teig:
2 Eier
2 Tassen Zucker
4 Tassen Mehl
1 ½ Pck. Backpulver
2 Tassen Buttermilch

Für den Belag:
2 Tassen gehobelte Mandeln
1 Tasse Zucker
1 Pck. Vanillezucker

Nach dem Backen:
ca. ½ Becher Sahne

Anleitung:

Alle Zutaten für den Teig in einer Schüssel gut verrühren und auf einem mit Backpapier ausgelegten Backblech gleichmäßig verteilen. Mandeln, Zucker und Vanillezucker vermengen und die Mischung über den Teig streuen. Den Kuchen bei 160°C ca. 30 Minuten backen. Abkühlen lassen und anschließend mit der Sahne den Teig tränken. Vor dem Servieren etwas durchziehen lassen.

Das Glück ist das Einzige,
das sich verdoppelt,
wenn man es teilt.
aus China

Wer kennt das nicht? Oft sieht man liebe Freunde oder Verwandte eine ganze Weile nicht. Zu viel Arbeit, zu viele Termine … Dabei gibt es doch nichts Schöneres, als Zeit mit Menschen zu verbringen, die einem am Herzen liegen. Deshalb: Nägel mit Köpfen machen – gleich zum Telefon greifen und etwas ausmachen. Wie wär's mit einem gemeinsamen Picknick? Oder einer lustigen Radtour? Manchmal muss man sich die Zeit einfach nehmen …

Echte Freunde zu haben bedeutet viel im Leben,
doch muss man die Freundschaft pflegen.
Drum will ich dir endlich mal sagen,
wie schön es ist, dich zu haben.

Spruch aus dem Poesiealbum

Glücklich sein bedeutet im Grunde,
einem Ziel zu folgen – mit ganzem Herzen.

William H. Sheldon

Jeder Mensch hat Träume, Wünsche, Hoffnungen ... Auch wenn vielleicht nicht alles davon in Erfüllung gehen wird: Wer sein Lebensglück tatkräftig anpackt, wird feststellen, dass das Schicksal gerne mal beim Erfüllen von kleinen und großen Herzenswünschen behilflich ist ... Also: Wünsch dir was!

Den Mutigen hilft das Glück.
Terenz

In uns selbst
liegen die Sterne des Glücks.
Heinrich Heine

21

Du möchtest mal wieder weg, vielleicht ans Meer oder in die Berge? Doch kein Urlaub ist in Sicht? Macht nichts! Wer sagt denn, dass man sich nicht einfach mal wegträumen kann …

- Mach es dir an deinem Lieblingsplatz bequem und schließe die Augen.
- Wie sieht es dort aus, wo du jetzt gerade gerne wärst? Was fühlst du an diesem Ort? Was passiert um dich herum?
- Schick deine Gedanken auf große Fahrt und erlebe einen wunderbaren Tagtraum.
- Du wirst sehen: So eine Fantasiereise ist Erholung pur für deine Seele … Und vielleicht wird irgendwann dein Traum auch in Erfüllung gehen!

Wer die beste Fantasie hat,
hat den größten Genuss.
Theodor Fontane

Himbeermilch

Glücklich sein – mit diesem leckeren Rezept geht's besonders schnell!

Zutaten:

350 g Himbeeren (frisch oder gefroren)
$^{3}/_{4}$ l Milch
$^{1}/_{8}$ l Sahne
100 g Zucker
1 Pck. Vanillezucker
Saft von einer Zitrone

Anleitung:

Alle Zutaten in eine hohe Schüssel geben und mit dem Stabmixer pürieren. Abschmecken – nach Belieben noch etwas mehr Milch oder Zucker hinzufügen – und kalt genießen. Kleiner Tipp: Schmeckt auch mit Erdbeeren, Bananen oder gemischten Waldbeeren.

Das äußere Glück ist nur Zufall.
Aber das innere Glück,
das baut sich ein jeder selbst.
Johann Kaspar Lavater

„Jeder ist seines Glückes Schmied", heißt es in einem alten Sprichwort. Einige Anregungen, wie du wunderbare Glücksmomente in dein Leben holen kannst, haben dir die Glücksrezepte in diesem Büchlein schon gegeben. Aber bestimmt hast du selbst jetzt noch viel mehr Ideen für deine persönliche Glücksformel!

Dass du weiterhin viel Spaß und Freude daran hast,
dein ganz eigenes Glück zu entdecken –
das wünsche ich dir.

Glück hat immer der gefunden,
der sich seines Lebens freut.
Clemens Brentano

Glücksrezepte

Passend hierzu gibt es weitere Geschenkideen:

BLUMENGRÜSSE FÜR DICH
ISBN 978-3-86713-690-7

GUTSCHEINBUCH FÜR KLEINE AUSFLÜGE
ISBN 978-3-86713-685-3

GUTSCHEINBUCH FÜR KLEINE PAUSEN
ISBN 978-3-86713-684-6

Bildnachweis:
Titel: Michael Brauner/StockFood; S. 2: by-studio/fotolia; S. 4/5: iStockphoto/Thinkstock; S. 7: sozaijiten/Datacraft/Getty Images; S. 8/9: Angela/fotolia; S. 11: iStockphoto/Hsing-Wen Hsu; S. 12: Roland Krieg/StockFood; S. 14/15: Lee Avison/GAP Photos/Getty Images; S. 17: Hemera/Thinkstock; S. 18/19: Dreadlock/fotolia; S. 20: iStockphoto/Thinkstock; S. 22/23: Netzer Johannes/fotolia; S. 25: Klaus Arras/StockFood; S. 26/27: Martin Ruegner/Photographer's Choice/Getty Images; S. 28: Armin Zogbaum/StockFood Creative/StockFood; S. 30/31: Robert Harding Images/Masterfile; S. 33: Yasuhide Fumoto/Photodisc/Getty Images; S. 34/35: Ryan McVay/Thinkstock; S. 36: Cornelia Doerr/Photographer's Choice/Getty Images; S. 38/39: Dieter Heinemann/StockFood; S. 41: Andrea Haase/StockFood; S. 42/43: Gil Guelfucci/Flickr/Getty Images; S. 44: iStockphoto/Thinkstock; S. 46/47: Konradlew/Vetta/Getty Images.
Grafische Elemente: Stefan Balk/fotolia (Freisteller rotkarierte Schleife); Jeanette Dietl/fotolia (Freisteller kariertes Stoffherz); Team 5/fotolia (Freisteller rotes Filzherz); Foodcollection RF/Getty Images (Freisteller Erdbeere); Karl Newedel/StockFood (Freisteller Himbeere); bogopicture/fotolia (Emaille-Schild); Anja Ellers (Rote Karos); Anja Ellers (Schild).

Textnachweis:
Wir danken allen Autoren bzw. deren Erben, die uns freundlicherweise die Erlaubnis zum Abdruck ihrer Texte gegeben haben.

Idee und Konzept:
Groh Verlag.

ISBN 978-3-86713-701-0

117013-4355-01

Ein Lächeln schenken

Geschenke sollen ein Lächeln auf Gesichter zaubern und die Welt für einen Moment zum Stehen bringen. Für diesen Augenblick entwickeln wir mit viel Liebe immer neue GROH-Geschenke, die berühren.

In ihrer großen Themenvielfalt und der besonderen Verbindung von Sprache und Bild bewahren sie etwas sehr Persönliches.

Den Menschen Freude zu bereiten und ein Lächeln zu schenken, das ist unser Ziel seit 1928.

Ihr

Joachim Groh

GROH